MÉTHODES INSTRUMENTALES

FastTrack™

...duit de l'anglais par Sylvie Fritsch

Mi bémol

Saxophone 1

T0080865

INTRODUCTION

Vous venez d'acheter un saxophone... et maintenant ?

Toutes nos félicitations ! Vous avez fière allure avec votre saxophone tout neuf entre les mains (même si vous vous tenez face au miroir et que vous faites semblant de jouer la chanson qui passe à la radio). Mais vos amis et votre famille ne seraient-ils pas plus impressionnés si vous étiez capable de sortir un son de ce sacré instrument ?

En quelques semaines, vous allez aussi bien jouer des airs très connus qu'expérimenter de super riffs et techniques. D'ici la fin de la méthode, vous serez à même d'aborder en compagnie de votre groupe les tubes des plus grands – les Beatles, Clapton, Hendrix, etc.

Il y a trois règles d'or à respecter : être **patient**, vous **exercer**, **trouver votre rythme**.

N'ayez pas les yeux plus gros que le ventre et ne sautez pas les étapes. Si vos mains commencent à vous faire mal, faites autre chose pour le reste de la journée. Si vous sentez venir la frustration, mettez la méthode de côté et revenez-y plus tard. Si vous oubliez quelque chose, retournez en arrière et apprenez-le à nouveau. Si vous vous faites plaisir, oubliez le dîner et continuez de jouer. Le plus important est de vous amuser !

À PROPOS DU CD

(... non, ce n'est pas un dessous de verre !)

Nous sommes heureux que vous ayez remarqué le bonus qui accompagne cette méthode – un CD ! Tous les exemples musicaux du livre se retrouvent sur le CD pour que vous puissiez les écouter et vous en servir comme accompagnement quand vous serez prêt. Ecoutez le CD chaque fois qu'apparaît le symbole : ◆1

Chaque exemple du CD est précédé d'une série de clicks qui indique le tempo et la mesure. Sélectionnez le haut-parleur de droite sur votre chaîne stéréo pour écouter plus particulièrement la partie de saxophone ; sélectionnez le haut-parleur de gauche pour écouter seulement l'accompagnement. Quand vous serez plus sûr de vous, essayez de jouer la partie de saxophone avec le reste du groupe (l'accompagnement).

HAL•LEONARD®
CORPORATION

7777 W. BLUEMOUND RD. P.O. BOX 13819 MILWAUKEE, WI 53213

PAR OÙ COMMENCER ?

Votre saxophone est votre ami...

Un instrument de musique peut devenir un bon ami — il peut vous aider à passer les moments difficiles et à chasser les coups de blues. Alors avant de débuter, donnez un nom à votre saxophone.

Quelle beauté !

L'image ci-dessous représente les différents éléments du saxophone alto. Apprenez à les reconnaître et surtout à les assembler dans le bon ordre (cf. page 3). C'est très important !

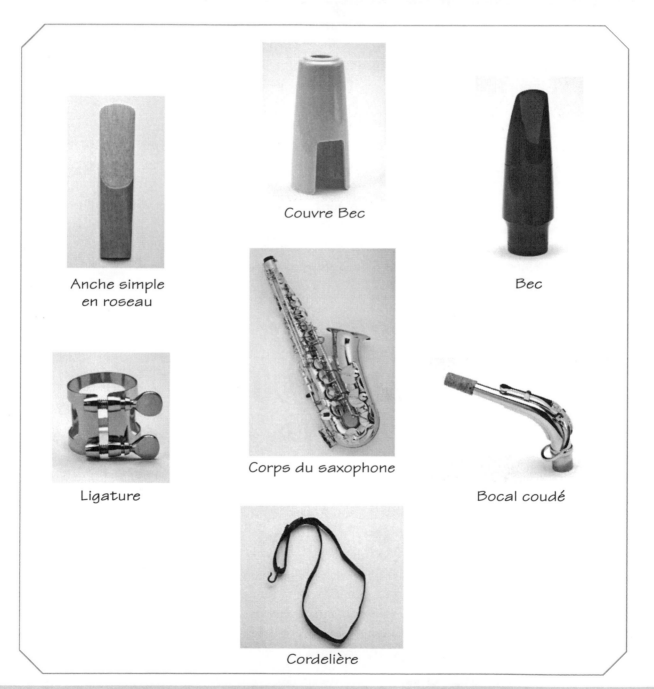

Couvre Bec

Anche simple
en roseau

Bec

Ligature

Corps du saxophone

Bocal coudé

Cordelière

REMARQUE : Les anches sont classées selon leur force. On peut choisir la force de ses anches en se référant au chiffre qui leur est attribué. Pour débuter, il vaut mieux choisir une anche faible ' 2 ' ou ' 2.5 '. Au fil des progrès, vous pourrez choisir des anches plus dures, ayant moins de souplesse.

COMMENT MONTER VOTRE SAXOPHONE ?

Vous êtes un peu dérouté et c'est normal ! C'est pourquoi nous vous proposons de suivre pas à pas cette séance de montage.

 Repérez la **cordelière** et passez-la autour du cou (aïe !).

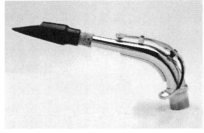

le bec sans anche

2 Enfoncez le **bec** sur l'extrémité du bocal recouverte de **liège** en le vissant gentiment. Grincements et coincements vous irritent ? Graissez la partie en liège et réessayez (la plupart des magasins de musique vendent des tubes de graisse). Le bec devrait couvrir les trois-quarts du liège, pas tout le liège.

3 Prenez la partie fine (biseautée) de **l'anche** en bouche pendant 30 secondes pour l'humidifier.
(REMARQUE : Les étapes 2 et 3 peuvent s'effectuer simultanément.)

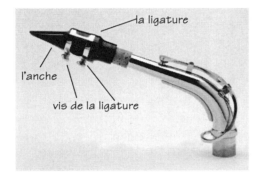

la ligature
l'anche
vis de la ligature

4 Placez l'anche sur le **bec**. Le côté plat de l'anche se plaque sur le côté plat du bec (c'est d'une logique prodigieuse, non ?).

5 Glissez la **ligature** sur le bec en maintenant l'anche avec le pouce. L'anche doit être position-née de manière à ce que seule une raie de couleur noire apparaisse à son extrémité.

6 Serrez fermement les **vis de la ligature** (pas trop fort quand même).

7 Insérez le **bocal** dans le **corps du saxophone**. Assurez-vous d'avoir bien retiré le bouchon qui protège le haut du corps !

8 Accrochez la **cordelière** à l'endroit prévu sur le **corps du saxophone** puis effectuez les ajustements néces-saires pour un maintien confortable. Lorsque tout est bien réglé, levez-vous. Le bec devrait être à la hauteur de votre bouche.

le saxophone avec la cordelière

CORNEZ CES DEUX PAGES

(... vous les consulterez plus d'une fois)

La musique est un langage possédant des symboles, une structure, des règles (et des exceptions à ces règles) qui lui sont propres. Lire, écrire et jouer de la musique requiert une bonne connaissance de ces symboles et de ces règles. Commençons par les notions de base...

Les notes

La musique s'écrit à l'aide de pattes de mouche que l'on appelle des **notes**. Elles sont de formes et de tailles différentes. Une note a deux caractéristiques essentielles : sa **hauteur** (indiquée par sa position) et sa **valeur rythmique** (indiquée par les symboles suivants) :

ronde   **blanche**   **noire**

La valeur rythmique renseigne sur le nombre de temps que doit durer la note. En général, une noire est égale à un temps. Ensuite, ça ressemble à des fractions (nous non plus, on n'aime pas les maths !) :

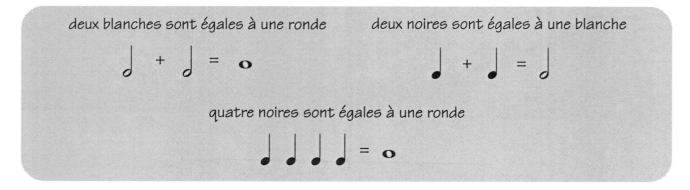

deux blanches sont égales à une ronde   deux noires sont égales à une blanche

quatre noires sont égales à une ronde

La portée

Les notes sont placées sur ou juste à côté d'une **portée** qui est composée de cinq lignes parallèles et de quatre interlignes. Chaque ligne et interligne représente une hauteur de son différente.

Les lignes supplémentaires

Comme toutes les notes ne peuvent pas figurer sur juste cinq lignes et quatre interlignes, on utilise **des lignes supplémentaires** (ou additionnelles) au-dessus et au-dessous pour étendre la portée aux sons aigus et graves.

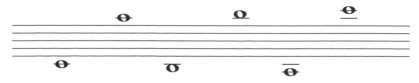

La clé

La **clé** est un symbole qui permet de déterminer la hauteur des notes sur la portée.
Il existe plusieurs clés, mais il n'y en a qu'une qui nous intéresse pour l'instant :

Clé de Sol

Une **clé de Sol** en début de portée donne aux lignes et aux interlignes les hauteurs de son suivantes :

Mi   Sol   Si   Ré   Fa   Fa   La   Do   Mi

La mesure

Les notes sur la portée sont regroupées en **mesures** à l'aide de barres de mesure afin de vous aider à vous repérer dans la chanson (imaginez-vous en train de lire un livre sans aucun point, virgule ou lettre majuscule !).

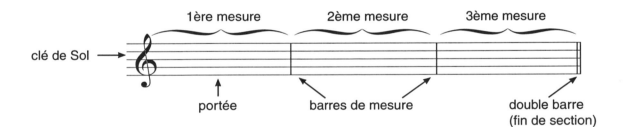

1ère mesure   2ème mesure   3ème mesure

clé de Sol →

portée   barres de mesure   double barre (fin de section)

Le chiffrage des mesures

La **mesure** est déterminée par une fraction. Le chiffre du haut renseigne sur le nombre de temps que contient chaque mesure ; le chiffre du bas indique le type de note qui équivaut à un temps.

quatre temps par mesure
un quart de ronde (1/4),
c'est-à-dire une noire = un temps

trois temps par mesure
un quart de ronde (1/4),
c'est-à-dire une noire = un temps

Soufflez un peu, relisez cette section avant de passer à la suite. (Faites-nous confiance – au fil des chapitres, vous allez y voir de plus en plus clair.)

QUELQUES PETITES PRÉCISIONS

...avant de se lancer !

Les **schémas de doigté**, qui vous accompagnent tout au long de ce livre, représentent une partie des **clés** de votre instrument (pas le symbole en début de portée ! Les touches de votre saxophone) et plus particulièrement celles dont vous aurez besoin pour produire une note donnée. Les doigts de la main gauche se placent sur le haut du corps, ceux de la main droite sur le bas.

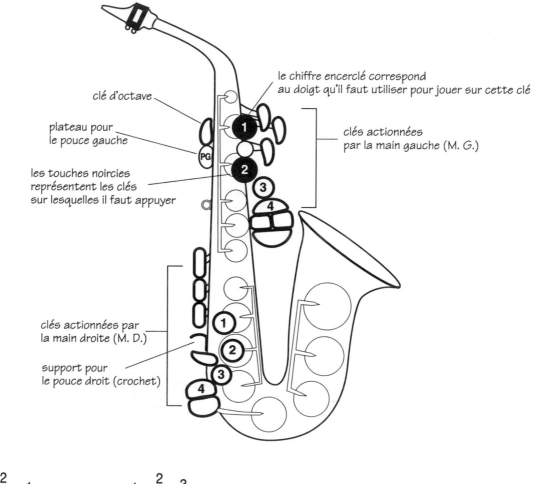

le chiffre encerclé correspond au doigt qu'il faut utiliser pour jouer sur cette clé

clés actionnées par la main gauche (M. G.)

clé d'octave

plateau pour le pouce gauche

les touches noircies représentent les clés sur lesquelles il faut appuyer

clés actionnées par la main droite (M. D.)

support pour le pouce droit (crochet)

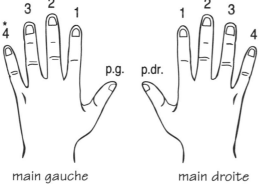

main gauche

main droite

Au lieu de nommer chaque doigt, numérotez-les de 1 à 4 (vous pouvez même prendre un feutre et inscrire les chiffres directement sur vos ongles ou, si vous préférez, vernir chaque ongle à l'aide d'une couleur différente).

* C'est triste, mais nous n'utiliserons pas l'auriculaire gauche dans ce livre. Attendez quand même avant de le couper... on ne sait jamais !

Que font les deux pouces ?

Votre pouce gauche (p. g.) doit reposer sur le plateau prévu à cet effet et celui de la main droite (p. dr.) doit venir se loger sous le support (crochet) pour maintenir le saxophone.

LEÇON 1

Ne restez pas là les bras ballants, jouez quelque chose !

Votre saxophone est monté, vous savez le tenir correctement, alors faisons un peu de musique…

Pour jouer du saxophone, il faut suivre un processus en deux étapes. Choisissez la note que vous voulez jouer en appuyant sur les clés appropriées. En même temps, soufflez dans le bec pour produire un son. Facile ? Essayez.

Note : Si

Appuyez sur la clé du haut (comme indiqué sur le schéma ci-dessous) à l'aide du doigt 1, M. G., et soufflez jusqu'à ce que vous entendiez votre premier son.

> CONSEIL TECHNIQUE : La lèvre et les incisives supérieures devraient couvrir environ un centimètre du bec. La lèvre inférieure vient gentiment appuyer sur l'anche. Pas de brutalité, ne mordez pas l'anche !

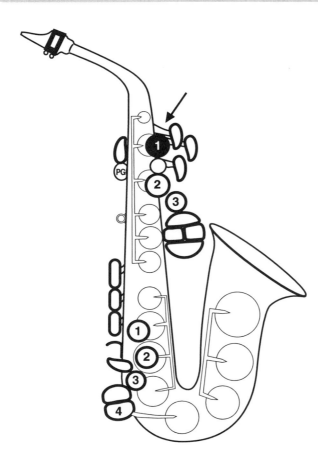

La note Si se trouve sur la ligne du milieu de la portée (retournez à la page 5 pour voir où sont placées les autres notes) :

Si

Félicitations ! D'accord, cela a peut-être sonné comme un affreux grincement de porte, mais c'était votre premier essai ! Détendez-vous et reprenez jusqu'à ce que vous soyez satisfait de votre son.

Le début et la fin d'une note doivent être signifiés de façon précise. Cela peut être obtenu grâce à ce qu'on appelle dans le jargon musical un **coup de langue**. Voici comment procéder.

 Prononcez « tu » quatre fois, lentement. Remarquez le mouvement de votre langue (qui va buter contre les incisives et le palais).

 Dites « tu » et faites durer : « tuuuuuuuuuuuuuu ».

 Prononcez-le d'une voix forte, puis murmurez-le.

C'est ainsi que l'on « attaque » la note lorsque l'on joue du saxophone. En utilisant le « tu », vous exécutez une attaque sur la note pour lui donner un début bien défini. Pas trop dur ?

Alors assez discuté... jouons un peu !

Vos doigts sont prêts pour jouer un Si. Vous avez pris le bec en bouche. Lorsque vous commencez à souffler, attaquez la note sur un « tu ». Et si un petit rafraîchissement à propos des valeurs rythmiques des notes s'avère nécessaire, reportez-vous à la page 4.

◆ Tu-Du !

« tuuuu »   « tu »   « tu »   « tuuuuu »   « tuuuu »   « tu »   « tu »   « tuuuu »

QU'EST-CE QUE CE SYMBOLE " ❜ " ? La virgule indique que l'endroit est propice pour respirer (il fallait y penser). Eh oui, on ne respire pas n'importe où quand on fait de la musique ! Inspirez rapidement (mais profondément) à chaque fois que vous rencontrez ce signe.

❷ Si vous jouez, jouez le Si !

comptez : 1,   2,   3,   4   1,   2   3,   4   1   2   3   4   1,   2,   3,   4

1,   2   3   4   1   2   3,   4   1   2,   3   4   1,   2,   3,   4

Vous pouvez jouer ces exemples en prononçant « ta » et « da ». Et pour vous amuser prononcez rapidement « tu-du, tu-du, tu-du » tout en soufflant. Expérimentez, c'est votre sax après tout !

S'ACCORDER AVEC LE COMPACT DISC

Le petit plus de la méthode **FastTrack**™, c'est de pouvoir jouer avec l'accompagnement musical sur compact disc. Mais si vous n'êtes pas accordé à l'unisson avec les musiciens sur le compact disc, vous trouverez l'expérience très décevante, voire frustrante. Pas de panique, c'est facile de s'accorder...

Accorder le saxophone signifie qu'il faut ajuster la **hauteur** du son des notes en serrant (enfoncer) ou desserrant (tirer) le bec fixé sur la partie en liège du bocal.

Sélectionnez la plage 3 du compact disc et jouez en même temps la note Si. Votre note sonnera selon l'une des trois possibilités suivantes : ◆**3**

1. **A l'unisson** – votre note sonne pareil que avec la note d'accord du compact disc. Félicitations ! Laissez tomber les explications des lignes 2, 3, et passez directement à la suite.

2. Trop **grave** – votre note sonne plus bas que celle du compact disc. Enfoncez davantage le bec pour faire monter la hauteur du son.

3. Trop **aiguë** – votre note sonne plus haut que celle du compact disc. Tirez le bec pour faire baisser la hauteur du son.

Allez-y doucement ! Accorder un instrument, c'est effectuer des gestes précis pour se rapprocher petit à petit de la note juste. Enfoncez (ou tirez le bec) un peu et réessayez de suite pour voir si votre son correspond plus à celui du compact disc.

PENSE-BÊTE : Si votre son est trop **bas**, c'est que le bec est trop **haut**. Enfoncez-le légèrement.

LEÇON 2

Deux notes valent mieux qu'une...

Une note, même si elle sonne magnifiquement, ça n'est pas encore ce que l'on appelle de la musique. Alors dépêchons-nous d'en apprendre une autre.

LES DOIGTÉS EN TOUTE FACILITÉ : Tout au long de ce livre, nous vous proposons des petits 'trucs' pour vous faciliter la mémorisation des doigtés. Efforcez-vous de lire attentivement ces conseils à chaque fois que vous rencontrez l'icône suivante :

Note : La

Reprenez le doigté du Si (avec le doigt 1) et ajoutez le majeur (2) pour jouer la note La.

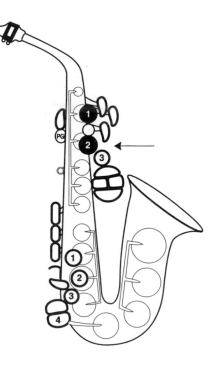

La note La s'écrit dans l'interligne qui se trouve juste en-dessous de la note Si. Retournez à la page 5, si nécessaire, pour voir où sont placées les autres notes :

La

PETITS TRUCS : Pour aller du Si au La, il faut rajouter un doigt. (C'est de la poésie ?!)

Essayez de combiner les deux notes.

◆ 4 Par Si et par La

QUELQUES NOTES SUR LA MUSIQUE

(... veuillez pardonner le jeu de mots !)

En plus des notes, vous aurez affaire à d'autres hiéroglyphes musicaux...

Les silences

Un **silence** en musique indique un moment non joué. Comme les notes, les silences ont leur propre valeur rythmique qui indique combien de temps il faut ne pas jouer :

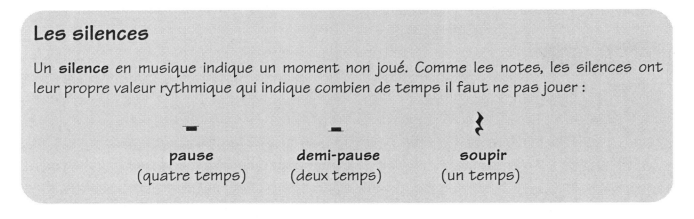

pause
(quatre temps)

demi-pause
(deux temps)

soupir
(un temps)

Essayez...

Dans l'exemple en 4/4 qui suit, vous allez jouer La, La, silence, La, silence, silence, silence, silence, La, La, silence, silence, La, silence, silence, La :

◆₅ Service Minimum

comptez : 1   2   (3)   4   (1 2 3 4)   1   2   (3 4)   1   (2)   (3)   4

IMPORTANT : Un silence ne signifie pas se croiser les bras ou ranger son instrument ! Un silence doit être mis à profit pour lire la suite de la partition, respirer un peu et préparer ses doigts pour la prochaine série de notes (d'accord vous n'en connaissez que deux pour l'instant mais bientôt vous en connaîtrez plus).

◆₆ Rock, Roll, Repos

Lire une partition c'est comme lire un livre, passez de ligne en ligne comme vous passeriez de phrase en phrase jusqu'à ce que vous arriviez à la double barre de mesure.

LEÇON 3
La note Sol

Le choix des morceaux que l'on peut jouer avec deux notes étant très limité, nous vous proposons d'introduire une troisième note pour rendre le tout un peu plus plaisant...

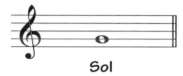

Note : Sol

Pour jouer le La, vous avez rajouté le doigt 2. Pour jouer un Sol, il faut rajouter le doigt 3.

Vous avez sans doute deviné que le Sol est placé sous le La et sur la deuxième ligne de la portée. C'est du Sol que la clé de Sol tient son nom. Tout comme lui, elle est placée sur la deuxième ligne.

Sol

PETITS TRUCS : *Pour jouer la note en dessous du La, il faut ajouter un doigt sur la clé en dessous du La.*

Veillez à jouer ces exercices lentement. Accélérez le **tempo** quand vous serez plus confiant.

◆7 Shuffle A Trois Notes

QUESTION DE RYTHME

Une liaison qui dure !

Une **liaison** relie deux notes et vous indique qu'il faut tenir la première note jusqu'à la fin de la note liée :

comptez : 1 (2) 3 (4) 1) (2) 3 (4) 1 2) 3 (4)

Simple comme bonjour ! Mettez en route votre métronome interne, comptez les temps sans faire de bruit et jouez en même temps. Très rapidement vous allez ressentir le rythme comme s'il faisait partie de vous-même.

Faisons le point !

Une autre manière de prolonger la valeur d'une note est d'utiliser un **point**. Le point prolonge la note de la moitié de sa valeur initiale. La note pointée la plus commune est **la blanche pointée** :

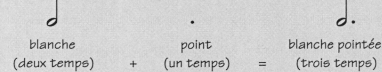

blanche   point   blanche pointée
(deux temps) + (un temps) = (trois temps)

Vous allez rencontrer des blanches pointées dans beaucoup de chansons, surtout dans celles qui utilisent la mesure à 3/4 (trois temps par mesure) comme la plage 8 du compact disc.

8 Trois Notes pour une Valse

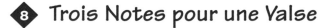

C'est le moment de faire une pause et peut-être même de commander une pizza. Avant de reprendre, n'oubliez pas de vous laver les mains sinon gare aux glissades huileuses. Parfait ! La révision des Leçons 1, 2 et 3 peut commencer.

LEÇON 4
Sax à Do

Incroyable – déjà trois notes. Vous apprenez vite ! Que penseriez-vous d'ajouter une nouvelle note, une note plus aiguë ?

Note : Do

Pour jouer un Do vous n'avez besoin, à l'instar du Si, que d'un seul doigt :

La note Do est placée dans l'interligne au-dessus du Si (la première note étudiée dans ce manuel) :

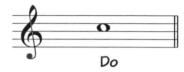

Do

 LES DOIGTÉS EN TOUTE FACILITÉ : Pour arriver jusqu'au Si, vous avez enlevé un à un vos doigts des clés, de bas en haut. Pour monter jusqu'au Do, bizarrement, on redescend d'une clé. Donc **Do** = **D**oigt **D**eux.

Et pour mettre en pratique ce que vous venez d'apprendre et ce que vous avez appris auparavant, travaillez l'exemple 9.

9 J'ai mal au Do

Si vous maîtrisez le Do, nous vous proposons de jouer des morceaux bien plus intéressants avec l'ensemble des quatre notes apprises jusqu'à présent.

15

LEÇON 5

N'oubliez pas la main droite !

Pour récompenser votre patience légendaire, nous allons vous apprendre trois notes d'un coup et en une leçon. Bienvenue au cours de formation accélérée !

Notes : Fa, Mi, Ré

Votre main droite va entrer en action (rappelez-vous, nous avons vu page 6 que le pauvre petit auriculaire de la main gauche est complètement inutile). Pour les trois notes suivantes, préparez votre main gauche à effectuer le doigté du Sol puis ajoutez successivement les doigts de la main droite sur les clés du bas du corps pour jouer les notes Fa, Mi, Ré.

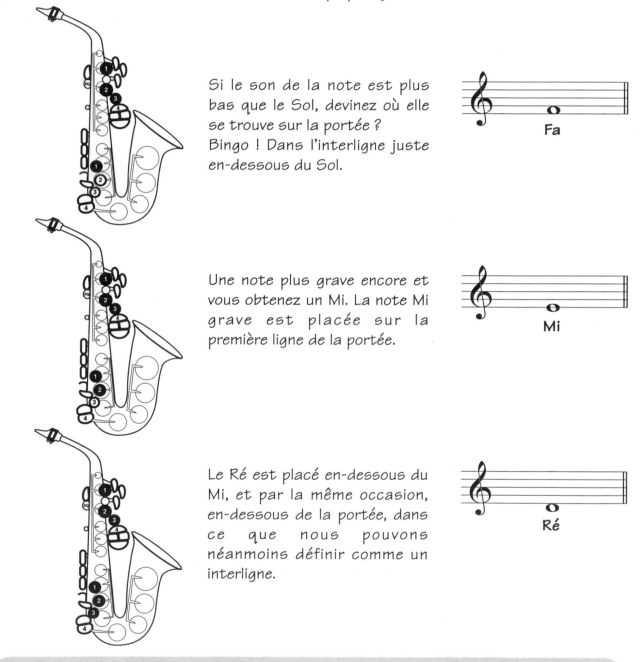

Si le son de la note est plus bas que le Sol, devinez où elle se trouve sur la portée ? Bingo ! Dans l'interligne juste en-dessous du Sol.

Fa

Une note plus grave encore et vous obtenez un Mi. La note Mi grave est placée sur la première ligne de la portée.

Mi

Le Ré est placé en-dessous du Mi, et par la même occasion, en-dessous de la portée, dans ce que nous pouvons néanmoins définir comme un interligne.

Ré

PETITS TRUCS : Commencez par placer vos doigts comme si vous vouliez jouer un Sol. Pour descendre du Fa au Ré, ajoutez un à un sur les clés les doigts de la main droite en descendant.

L'exercice suivant vous permettra de vous familiariser avec les trois notes que nous venons d'introduire :

13 ## Ré-Mi-Fa, on y va !

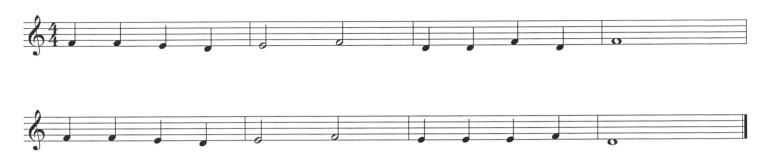

Sept doigts pour jouer sept notes...

Dès que vous maîtrisez la situation, jouez les morceaux suivants, plus intéressants et plus motivants, avec l'ensemble des sept notes.

14 ## J'ai le Blues

15 ## Sur la Route

Génial ! Ça vous dit d'apprendre à jouer des rythmes plus rapides ? Tournez la page...

GARDEZ LE RYTHME !

Accrochez-vous !..

Une **croche** s'écrit avec une sorte de fanion :

Deux croches sont égales à une noire (ou un temps). Pour faciliter la lecture, les croches sont reliées entre elles par une **barre horizontale** :

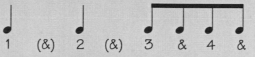

Pour compter les croches, divisez le rythme en deux et utilisez « et » entre les deux :

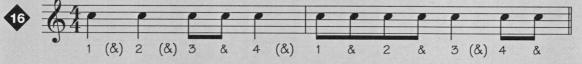

Entraînez-vous avec l'exercice qui suit. Commencez par compter à haute voix pendant que vous tapez la mesure du pied ; jouez ensuite les notes tout en comptant et en tapant :

16

1 (&) 2 (&) 3 & 4 (&) 1 & 2 & 3 (&) 4 &

Qu'en est-il du silence ?

Le **demi-soupir** a la même valeur rythmique qu'une croche et suit les mêmes règles... mais n'est pas joué. Comptez, tapez du pied, jouez et respectez les silences dans l'exemple qui suit :

17

1 (&) 2 (& 3) & 4 & 1 & 2 (&) 3 & (4) &

Essayez maintenant une chanson avec des croches. (N'arrêtez pas de taper du pied !)

◆18 Riff Rock

LEÇON 6

Des dièses pour les balèzes !

Rappelez-vous lorsqu'on s'est accordé (page 9), on a parlé de son « plus bas » ou « plus haut ». Et bien nous allons retrouver cette même idée, mais sous une forme légèrement différente...

Haussons le ton...

La musique est faite de **tons** et de **demi-tons**. Pour visualiser notre explication, nous avons représenté le clavier d'un piano. La distance entre une touche et la touche la plus proche est égale à un demi-ton. Un écart de deux touches est appelé un ton.

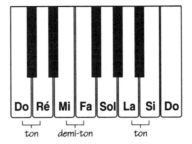

A quoi ressemblent ces notes 'coincées' entres les tons ?

A l'instar des touches noires sur le piano, vous pouvez également produire des notes 'intermédiaires' avec votre saxophone.
Par exemple, vous remarquerez l'existence d'une note entre le Fa et le Sol (située à un demi-ton de chaque note) :

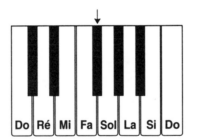

Quand une chanson requiert une note juste un demi-ton plus haut ou plus bas, on accole un symbole à cette note.

Une note élevée d'un demi-ton s'appelle un **dièse** et ressemble à une grille de jeu de morpion : ♯

Une note abaissée d'un demi-ton s'appelle un **bémol** et ressemble à une note trouée vue dans un miroir : ♭

Exception à la règle...

Il n'y a qu'un demi-ton entre les notes Mi et Fa ; il n'y a également qu'un demi-ton du Si au Do :

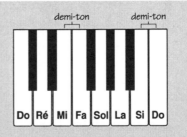

Techniquement parlant, la note Fa est un Mi♯ et la note Si est un Do♭. Oubliez tout ceci. Tournez la page et plongez-vous dans l'étude de vos deux premières notes intermédiaires...

Notes : Si bémol, Fa dièse

Pas d'inquiétude, votre saxophone est toujours accordé (heureusement d'ailleurs) mais les notes ont été intentionnellement modifiées par l'ajout d'un dièse ou d'un bémol selon le cas.

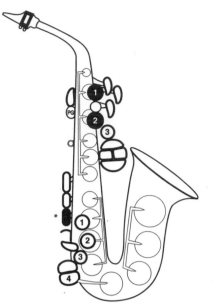

Notez que le Si bémol est sur la même ligne que le Si. Il a juste un petit signe (le bémol) en plus qui le distingue du Si.

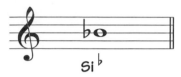

Si ♭

*Appuyez sur la clé située sur le côté du saxophone.

 LES DOIGTÉS EN TOUTE FACILITÉ : Le Si bémol est placé un demi-ton au-dessus du La. Pour trouver le doigté du Si♭, prenez celui du La et ajoutez la clé inférieure située sur le côté du saxophone. Il y a d'autres choix de doigté pour jouer le Si bémol. Rendez-vous page 46. Faites des essais et gardez celui qui vous semble le plus confortable à réaliser et le plus juste à l'oreille.

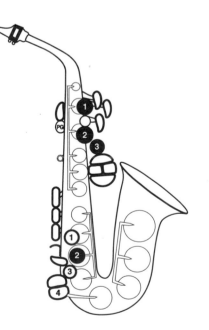

Notez que le Fa dièse est placé dans le même interligne que le Fa. Il a juste un petit signe en plus (la grille du morpion, c'est-à-dire un dièse) qui le distingue du Fa.

Fa♯

 LES DOIGTÉS EN TOUTE FACILITÉ : Pour trouver le doigté du Fa♯, prenez celui du Fa. Au lieu de vous servir du doigt 1 M. D., prenez le doigt 2 M. D. (la clé en-dessous) pour jouer un Fa♯.

Essayez ces mélodies connues avec vos nouveaux dièses :

20

ATTENTION ! Lorsqu'un *dièse* ou un *bémol* apparaît dans une mesure, il vaut pour toute la mesure. Toutefois, le **bécarre** (♮) annule un *dièse* ou un *bémol*, ramenant ainsi la note à sa hauteur de son « *naturelle* ».

◆19 **La Salle de Concert du Roi de la Montagne**

◆20 **Aura Lee**

◆21 **Hymne à la Joie Rock**

☞ **Les signes de reprise** (𝄆 𝄇) signifient (vous l'aviez deviné !) qu'il faut répéter tout ce qui se trouve entre les deux doubles barres. Si vous ne rencontrez qu'un seul signe de reprise (𝄇), répétez depuis le début du morceau.

22 Riff Hip-hop

23 Les Dièses sont Eternels

24 Riff de Blues

Hé, c'est ici que ça se passe ! Regardez la musique ! (Votre tête est suffisamment occupée – n'essayez pas en plus de mémoriser les mélodies !)

LEÇON 7

Comment peut-on tomber aussi bas ?

Il y a sept notes de nom différent. Mais après le Si, on retrouve le Do, puis vient à nouveau le Ré, suivi du Mi et ainsi de suite. On peut donc répéter les notes. D'ailleurs, nous vous proposons la première répétition...

Note : Do grave

Le Do grave est sans aucun doute la note la plus difficile que vous aurez à jouer (pour l'instant !). Accrochez-vous et soyez persévérant dans l'effort !

Comme toutes les notes ne peuvent pas figurer sur juste cinq lignes et quatre interlignes, on utilise des **lignes supplémentaires** au-dessus et au-dessous pour étendre la portée aux sons aigus et graves (comme le Do grave par exemple).

Do grave

* Vérifiez que vous appuyez bien sur la plus basse de ces deux clés.

 PETITS TRUCS : Rappelez-vous de la règle (informelle certes) – plus vous jouez dans les graves, plus vous ajoutez de clés vers le bas. Partir du Do grave pour rejoindre le Do médium revient à lever un doigt après l'autre.

Vous pouvez vérifier cette affirmation dans l'exercice suivant :

25 Addition et Soustraction

Pour récompenser votre effort, nous vous proposons deux pages de chansons composées des dix notes que vous venez d'apprendre (pas toutes à la fois)...

26 Bonne Nuit, Mes Fans

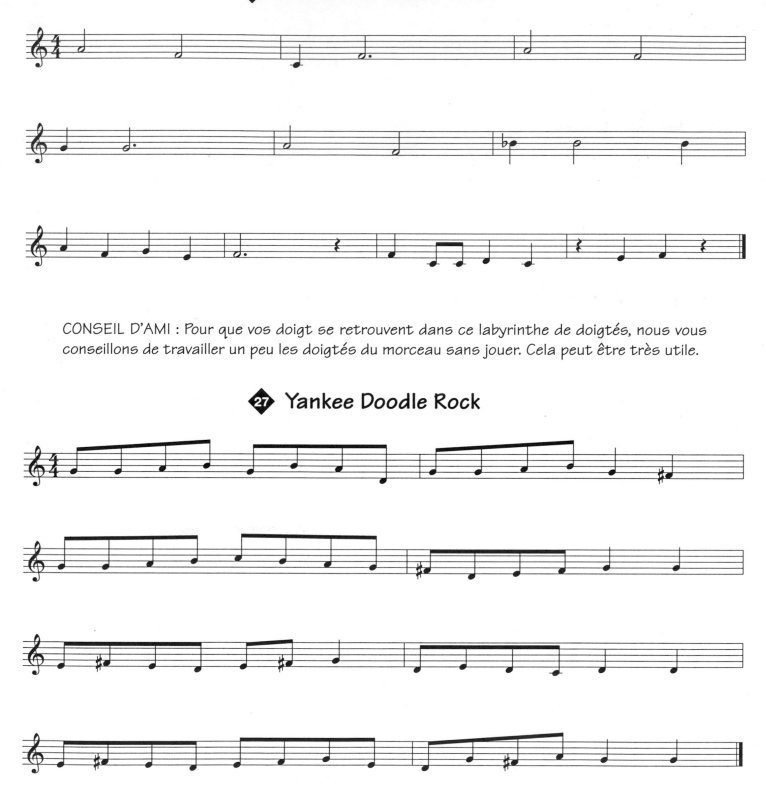

CONSEIL D'AMI : Pour que vos doigt se retrouvent dans ce labyrinthe de doigtés, nous vous conseillons de travailler un peu les doigtés du morceau sans jouer. Cela peut être très utile.

27 Yankee Doodle Rock

28 Swingin' the Old Chariot

29 Monsieur de Laparesse

30 Michael, fais Danser les Fans

Quel gâchis de débuter une chanson sur un silence (ici, une demi-pause) ! Voici la solution pour remédier à ce problème... Tournez la page.

Essayez ces chansons avec des anacrouses :

31 When the Saints Go Marching In

32 Oh, Suzanna

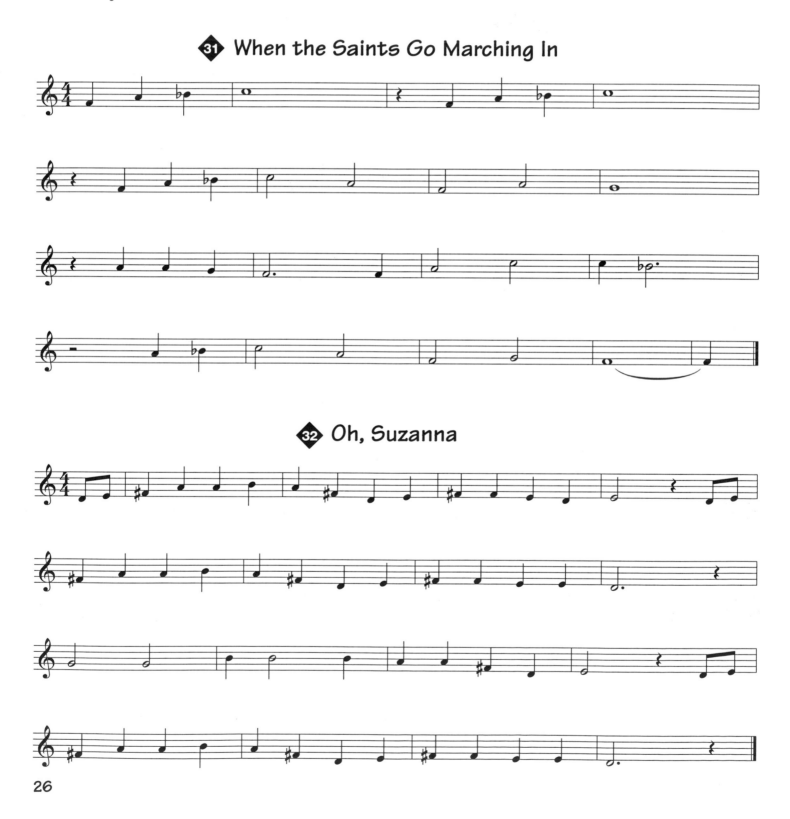

Reliez les points...

Vous souvenez-vous de la blanche pointée (= trois temps) ? La **noire pointée** reçoit un demi-temps supplémentaire en plus de son temps. Explication :

noire	+	point	=	noire pointée
(1 temps)		(1/2 temps)		(1 1/2 temps)

Pour simplifier, la noire pointée est comme une noire liée à une croche.

Ecoutez les plages 33 et 34 sur le CD en frappant les temps. Ressentez-vous le rythme de la noire pointée ? Essayez de la jouer...

33 Le Blues de l'Homme Soucieux

34 I've Been Rocking on the Railroad

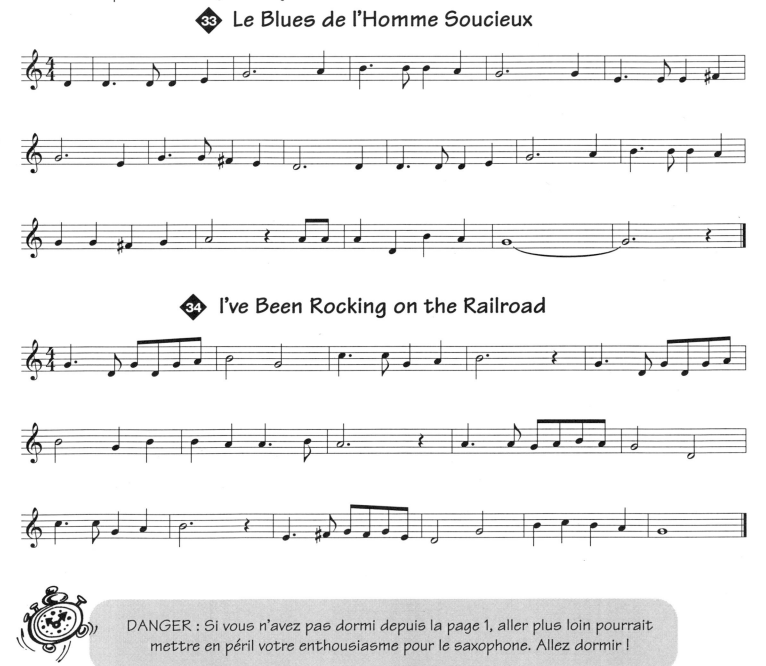

LEÇON 8
Do à Do...

Parmi les dix notes que vous avez apprises, la plus aiguë (Do) et la plus grave (Do grave) portent le même nom. Mais leur relation est plus profonde que cela — elles forment un **intervalle d'octave...**

L'octave

L'octave est un intervalle qui sépare huit notes. Comme nous l'avons vu précédemment, les deux notes qui forment une octave (voire deux) portent toujours le même nom. Vous avez l'impression d'avoir déjà entendu parler d'octaves ? Pas étonnant, votre saxophone est muni d'une **clé d'octave** située au-dessus du plateau pour le pouce gauche.

Vous serez surpris de voir tout ce que vous pouvez faire avec une seule petite clé ! Eh oui, une seule petite clé va vous permettre d'apprendre sept autres notes en moins d'une minute. Génial ! Vous ne le croyez pas ? Vous n'avez qu'à jouer les notes en partant du Ré grave jusqu'au Do médium en vous laissant accompagner de votre compact disc (plage 35).

Rejouez le même exercice, toujours accompagné de la plage 35. MAIS, appuyez sur la clé d'octave avec votre pouce gauche à chaque nouvelle note . Et voilà le résultat :

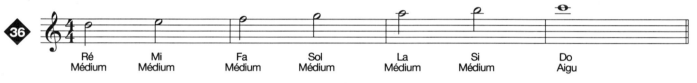

Bonus !

La clé d'octave marche aussi avec le Fa♯ et le Mi♭. (Vous venez carrément d'apprendre neuf notes en moins d'une minute ! Ce livre ne s'appelle pas **FastTrack™** pour rien : vous êtes vraiment sur la voie rapide !)

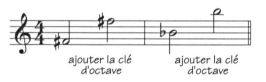

☞ EXCEPTION À LA RÈGLE : Le Do grave et le Do médium sont distants d'une octave mais rappelez-vous : on n'utilise pas la clé d'octave pour passer du Do grave au Do médium mais un doigté différent (cf. pages 14 et 23).

Avant de vous lancer dans l'interprétation d'octaves, inscrivez ci-dessous le nom des notes formant des octaves. Les lignes supplémentaires prêtent parfois à confusion !

♦37 Rocktaves

Inscrire le nom des notes dans un morceau de musique est une bonne idée. Ne soyez pas aussi gêné – même les 'pros' le font !

◆38 A vos Marques !

L'exercice 39 présente un intervalle d'octave dès la première mesure (rangez votre crayon et sortez votre saxophone).

◆39 Sur Scène

CONSEIL : Laissez vos yeux lire plus loin que les notes que vous êtes en train de jouer. Ainsi vous êtes déjà prêt à jouer le groupe de notes suivant.

40 Sans-souci

Et maintenant, si vous voulez en faire un moment solennel, vous pouvez vous lever pour l'hymne américain...

41 La Bannière Etoilée

Il est temps de faire une pause ! Téléphonez à vos amis et dites-leur d'apprendre à jouer d'un autre instrument avec l'une des différentes méthodes **FastTrack™**. Un bon moyen pour former un groupe.

LEÇON 9

Attention à la marche !

Vous connaissez toutes les lignes et tous les interlignes de la portée, ainsi que certaines lignes supplémentaires au-dessus ou en-dessous. Jouons toutes les notes du Do grave au Do aigu. Un voyage de deux octaves…

42 De Do à Do en passant par Do

Est-ce que vous réalisez ce que vous venez de jouer ? C'était là votre première gamme – Do Majeur. Et une gamme de deux octaves avec ça !

Qu'est-ce qu'une gamme ?

Les gammes sont des suites de notes arrangées selon un schéma précis de tons et de demi-tons. La plupart des gammes possèdent huit notes qui s'étalent sur une octave. Celle que vous venez de jouer débutait sur un Do et utilisait un schéma de **gamme majeure**, il s'agissait donc de la gamme de **Do Majeur**.

Voici deux autres gammes majeures (d'une octave)…

43 La Gamme de Sol Majeur

Votre vie de musicien ne se limite pas aux gammes majeures. En voilà une dans le mode **mineur**...

44 La Gamme de La mineur

Ce nom vous dit quelque chose ?

Comme vous pouvez le constater (et l'entendre), une gamme majeure n'est pas plus importante (ou plus âgée !) qu'une gamme mineure, ce n'est qu'un nom. Le nom d'une gamme est déterminé par deux choses : sa note la plus basse (appelée **tonique**) et **l'ordre de ses tons et demi-tons**.

Choisissez un ordre...

En prenant comme support une représentation du clavier d'un piano, la **gamme majeure** se construit sur le modèle suivant :

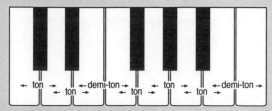

L'ordre des tons / demi-tons est légèrement différent pour une **gamme mineure** :

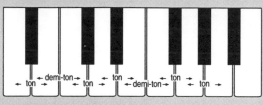

Vous pouvez construire des gammes majeures et mineures à partir de n'importe quelle touche en vous basant simplement sur ces modèles et en y joignant les dièses et les bémols appropriés.

Voici trois gammes. Une majeure, deux mineures :

45 La Gamme de Fa Majeur

46 La Gamme de Mi mineur

47 La Gamme de Ré mineur

Pourquoi s'embêter ?

1 Jouer des gammes est un exercice très utile pour accroître votre dextérité. (Quelle belle phrase !)

2 Riffs et chansons sont basés sur les gammes. Dès lors que vous connaissez les notes d'une gamme, il vous sera facile d'improviser un super solo.

Attendez la tonalité...

Une chanson basée sur la gamme de Do majeur est en **tonalité de Do**. Comme la gamme de Do majeur n'a ni dièse ni bémol, les chansons et les riffs en tonalité de Do n'ont également ni dièse ni bémol. De même, les chansons en **tonalité de Fa** sont basées sur la gamme de Fa majeur qui comporte un bémol.

48 Red River Rock

Mais au lieu d'écrire un signe pour chaque bémol et dièse, on place une **armature (ou armure)** en début de chaque ligne pour indiquer les notes qui sont des dièses tout au long de la chanson. Par exemple, la tonalité de Sol a un dièse, donc son armature aura un dièse sur la ligne Fa, vous signifiant de jouer tous les Fa comme des Fa#.

Le prochain air est dans la tonalité de Fa. Notez l'armature ! Tous les Si du morceau seront bémolisés...

49 Rockin' on Old Smoky

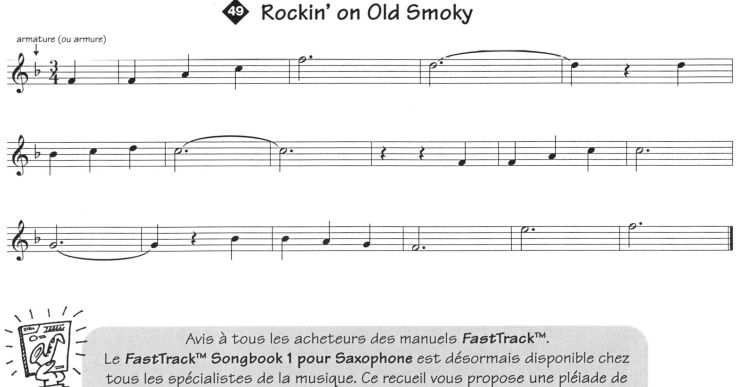

Les exemples à venir sont écrits dans différentes tonalités – le premier est en tonalité de Sol (mémorisez l'armature) :

50 Bach version Rock

Il semblerait que l'exemple 51 n'ait pas d'armure. Un morceau sans dièses ni bémols à la clé est en général dans la tonalité de Do :

51 Un Petit Groupe de Rock

Veillez à jouer ces exercices lentement. Accélérez le tempo quand vous serez plus à l'aise avec les notes et les doigtés.

Majeur contre mineur...

Une chanson peut également être basée sur une gamme mineure. Retournez à la page 32 et analysez les deux gammes de Fa Majeur et de Ré mineur. Vous avez remarqué quelque chose ? Toutes les deux ont un bémol à la clé : la **tonalité de Fa** et la **tonalité de Ré mineur** ont donc la même armature.

Comment savoir alors si la tonalité est majeure ou mineure ? En général, les tonalités majeures ont une sonorité « joyeuse » et les tonalités mineures une sonorité « triste ». Le morceau n°52 est en tonalité de Mi mineur.

52 House of the Rising Sun

Ça sonne mineur ou « triste ». En voici un autre (dans la tonalité de La mineur cette fois)...

53 Scarborough Fair

Il est grand temps de faire une autre pause. Mettez la télé en marche et restez affalé sur le canapé. Vous l'avez bien mérité !

LEÇON 10

Vous avez le blues ?

Avant de découvrir le blues, il vous faut apprendre une note de plus...

Note : Mi bémol

Cela fait un bout de temps que vous n'avez plus appris de note. Mais vous savez encore comment fonctionne un schéma de doigté, n'est-ce pas ?!

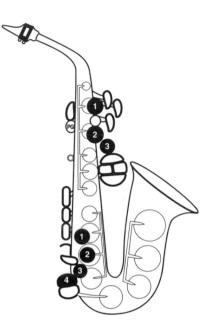

Notez que le Mi bémol est sur la même ligne que le Mi. Il a juste un petit signe en plus (le bémol) qui le distingue du Mi. Ajoutez la clé d'octave pour jouer l'octave supérieure.

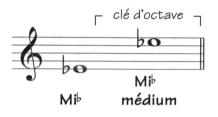

Mi♭

Mi♭ médium

LES DOIGTÉS EN TOUTE FACILITÉ : Le Mi bémol est placé un **demi-ton** au-dessus du Ré. Prenez le doigté du Ré et ajoutez la moitié supérieure de la clé qui se trouve sous votre doigt 4 M. D.

Essayez votre nouvelle note dans une gamme blues qui commence sur le Do grave :

◆54◆ La Gamme Blues en Do

La **gamme blues** (que vous venez d'interpréter) est proche de la gamme mineure. Sa structure est caractéristique : elle n'a que sept notes et procède selon un schéma d'intervalles **d'un ton et demi** (1¹ᐟ²) :

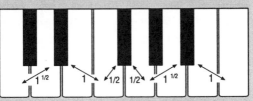

Essayez de jouer une gamme blues commençant par la tonique La :

55 La Gamme Blues en La

Vous pouvez créer vos propres riffs de blues en suivant (en totalité ou en partie) l'ordre des tons ci-dessus...

IMPORTANT : La prochaine chanson a une **1ère** et une **2ème** fin (indiquées par des crochets et les chiffres " 1 " et " 2 "). Jouez le morceau une fois jusqu'au signe de reprise (1ère fin), puis répétez à partir de la deuxième mesure. A la deuxième lecture, sautez la 1ère fin pour jouer la 2ème (dernière) fin...

56 Blues rapide

Imprimez l'ordre de ces tons dans votre mémoire – celui des gammes majeures, mineures et blues ! Servez-vous en pour créer des gammes, de grands riffs de blues, et pour d'autres mélodies solo à partir de différentes toniques.

LEÇON 11

Développez votre style...

L'exécution et l'interprétation d'un morceau de musique est tout aussi importante (si ce n'est plus importante) que ce que vous jouez. Voici quelques indications techniques pour donner du style à votre musique...

Le Glissando

Un effet intéressant au saxophone est **le glissando**. Il consiste à glisser d'une note à une autre en jouant (avec les doigts, pas avec la langue) les notes intermédiaires le plus rapidement possible.

Les glissandi (forme plurielle de l'italien glissando) sont le plus souvent utilisés entre deux notes éloignées d'une octave. (Mais vous pouvez 'glisser' sur un intervalle de n'importe quelle taille.) Ecoutez les deux exemples de la plage 57 du compact disc.

Exécutons un glissando du Ré vers le Si. Commencez par jouer le Ré, puis soulevez vos doigts rapidement et successivement (en continuant de souffler) depuis la clé la plus basse jusqu'à ce que vous arriviez au Si (doigt 1 M. G.).

58 Glissadophone

Le Trille

Une autre technique 'sympa' consiste à **triller la note**. Le trille se crée par les battements alternatifs et rapides de deux notes conjointes (séparées d'un ton ou d'un demi-ton) ; la note écrite est toujours la plus grave. Faites démarrer votre CD à la plage 59 et vous pourrez entendre ce qu'est un trille.

Débutez sur le Sol et effectuez un trille entre le Sol et le La en appuyant et en relâchant rapidement la clé avec le doigt 3 M. G. :

60 Trillez en toute simplicité

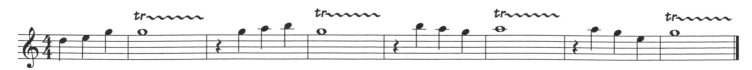

La liaison d'expression (le legato)

La liaison d'expression (appelé parfois coulé) ressemble à **la liaison de durée** (qui lie deux notes identiques) mais se place sur ou sous une suite de notes différentes pour indiquer qu'il faut les lier entre elles et en soutenir le son. Seule la première note est attaquée.

Pour vous donner une idée de la réalisation, écoutez la plage 61 et repérez les notes attaquées. A votre tour...

 CONSEIL D'AMI : Expirez l'air régulièrement pour la réalisation de la phrase legato. Attaquez la première note seulement. Evitez de respirer. Cela briserait le sens de la phrase.

61 Au Sommet de mon Art

Staccato

Jouer **staccato** c'est effectuer le contraire du legato. Le staccato est noté par un point qui se place au-dessus ou au-dessous des notes. On dit que les notes sont piquées. Attaquez la note sur un 't' (oubliez le 'u' qui suit). Ecoutez puis essayez à votre tour.

62 Staccato Funk

Le compositeur a, la plupart du temps, la gentillesse de vous indiquer quand il faut utiliser ces techniques. Mais n'hésitez pas à improviser. Notez les endroits appropriés pour exécuter un glissando, un trille... et en avant la musique !

UN CONTRETEMPS QUI DURE...

Enfin, permettez-nous de vous présenter l'un des concepts rythmiques les plus essentiels (et amusants) en musique...

La syncope (respirez profondément !)

Une syncope relie deux tons semblables et revient à jouer ces notes « à contretemps ». Cela rend la musique moins prévisible (et plus efficace pour danser !). Ecoutez un exemple non syncopé sur le CD :

63 A peu de Choses près

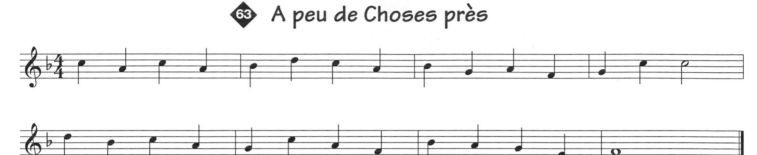

Elle peut également se présenter sous la forme d'un rythme nouveau comme les schémas **croche-noire-croche** ou **croches liées** entres elles. Ecoutez maintenant un exemple avec syncopes (plage 64). Comptez les temps puis essayez de taper le rythme.

comptez : 1   2   3   & (4) &   1, 2, 3 (4)   1   2 & (3) & 4   1, 2, 3 (4)

Avec un peu plus de pratique, vous reconnaîtrez facilement ces schémas et vous les jouerez sans même compter les temps.

Essayez à présent de jouer le même exemple mais avec un rythme syncopé.

65 Ça y est

Le rythme est toujours là, mais « ça bouge » plus : le groove est renforcé.

A vous de jouer !

Essayez de jouer ces chansons avec les syncopes. Accentuez les notes soulignées par le signe " > " (la plupart ne tomberont pas sur un temps fort)...

66 La Syncope du Saxophoniste

67 St. James Infirmary

La syncope, c'est pas plus compliqué que cela ! Travaillez ces exercices à plusieurs reprises — je parie que vous ne pourrez pas vous empêcher de danser.

SACHEZ ENCORE..

Nous approchons de la fin du livre et du grand finale, la jam-session. Faisons une petite pause pour apprendre d'autres trucs qui ne concernent ni la technique ni le jeu du saxophone.

Transposer

Si vous jouez dans un groupe, vous avez sans doute déjà remarqué que les partitions de vos amis sont écrites dans d'autres tonalités que la vôtre. Pas de panique — ce n'est pas une erreur d'impression et la musique sonne juste ! Le saxophone est un instrument **transpositeur**. Le saxophone alto et le saxophone baryton sont en Mi bémol. Le saxophone ténor et le saxophone soprano sont en Si bémol.

Quoiqu'il en soit, le piano, la guitare et la guitare basse sont en Ut (Ut = Do). Par conséquent le son de la note Do sur un piano ne sera pas identique à celui de votre saxophone. Vous jouerez la même note mais le son sera différent. Le Do du saxo alto correspondra au Mi bémol du piano. Et pourquoi est-ce ainsi ? Tout simplement parce que les instruments sont ainsi faits.

Pour remédier à cette différence, on 'transpose' les notes dans la tonalité qui convient à chaque instrument afin que l'ensemble des instruments joue de façon homogène et qu'une même note **sonne de la même façon** quel que soit l'instrument.

   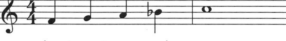

Si le saxo alto joue ceci....   le piano jouera cela....

Lorsque vous achetez des partitions pour un ensemble instrumental, vérifiez que toutes les parties sont bien transposées.

Astiquer

A moins d'avoir reçu votre saxophone gratuitement (veinard !) vous avez certainement investi une petite fortune. C'est pourquoi il faut le maintenir en bon état, ce qui veut dire : le nettoyer régulièrement.

Il est très facile de nettoyer un saxophone. Et pour ce faire, prenez le chiffon spécial, vendu dans tous les magasins de musique, ou confectionnez vous-même votre chiffon de nettoyage.

Suivez les instructions :

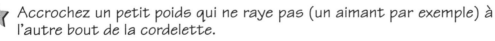

1 Nouez une cordelette autour d'un coin d'un chiffon doux.

2 Accrochez un petit poids qui ne raye pas (un aimant par exemple) à l'autre bout de la cordelette.

3 Retirez le bec et le bocal du corps du saxophone. Introduisez l'élément en métal dans le pavillon du saxophone.

4 Retournez votre instrument jusqu'à ce que le poids apparaisse du coté où l'on place le bocal.

5 Tirez sur la cordelette pour faire passer le chiffon dans le corps du saxophone.

6 Répétez la manipulation à plusieurs reprises. Puis faites de même avec le bocal (sans le bec) du saxophone.

7 Rincez le bec (sans l'anche) à l'eau chaude (et sans savon, par pitié !). Séchez-le soigneusement.

8 Remplacez systématiquement toute anche usée.

LEÇON 12

C'est l'heure de monter sur scène...

Ceci n'est pas vraiment une leçon... c'est une jam-session !

Toutes les méthodes FastTrack™ (Guitare, Clavier, Saxophone, Basse et Batterie) se terminent de la même manière afin que vous puissiez former un groupe avec vos amis. Vous pouvez également jouer seul en vous faisant accompagner par le CD.

Vous êtes prêt ? Alors que le groupe soit sur le CD ou dans votre garage, que le spectacle commence...

68 **69** **Exit for Freedom**

sans le saxophone / groupe au complet

Ballade Unplugged

Bravo ! Encore !!

Continuez à vous entraîner régulièrement et gardez l'esprit ouvert. (Il y a toujours des choses à apprendre concernant votre instrument !)

ATTENDEZ ! NE PARTEZ PAS ENCORE !

Même si nous espérons que vous allez relire ce livre encore et encore, nous avons pensé que vous apprécieriez cette « antisèche » qui récapitule toutes les notes que vous avez apprises et beaucoup de nouvelles ! Voilà, cadeau !

Les Doigtés

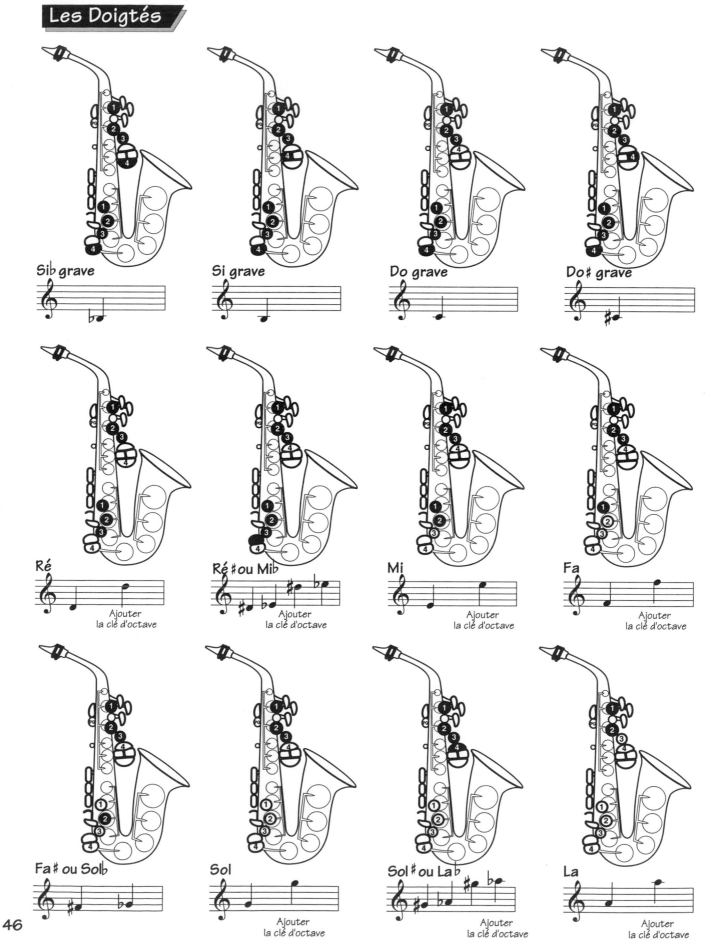

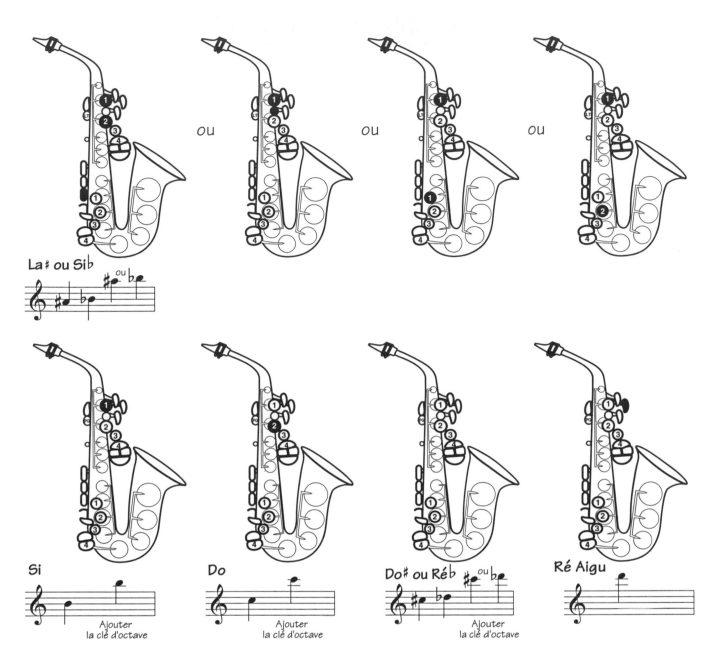

La♯ ou Si♭

Si
Ajouter la clé d'octave

Do
Ajouter la clé d'octave

Do♯ ou Ré♭
Ajouter la clé d'octave

Ré Aigu

Et maintenant, que vais-je faire ?

Pour finir, quelques conseils pour vous aider à aller plus loin dans votre maîtrise du saxophone :

 La répétition est le meilleur moyen d'apprendre. Reprenez les exercices de ce livre jusqu'à ce que vous soyez capable de jouer les notes sans réfléchir.

 Achetez dans la même collection le FastTrack™ Songbook 1 pour Saxophone. Ce recueil vous propose une pléiade de tubes des Beatles, Clapton, Hendrix, etc.

 Faites-vous plaisir. Que ce soit en répétition, en jam-session, sur scène, ou même pendant que vous nettoyez votre saxophone, gardez le sourire. La vie est trop courte.

A bientôt...

INDEX DES CHANSONS

(... un livre pourrait-il se terminer autrement ?)